Impressum
Verlag: BABADADA GmbH, Nedderfeld 112 , 22529 Hamburg
Geschäftsführer / Verlagsleitung: Harald Hof
Druck: Books on Demand GmbH, In de Tarpen 42, 22848 Norderstedt

Imprint
Publisher: BABADADA GmbH, Nedderfeld 112 , 22529 Hamburg, Germany
Managing Director / Publishing direction: Harald Hof
Print: Books on Demand GmbH, In de Tarpen 42, 22848 Norderstedt

# škola
## l'école

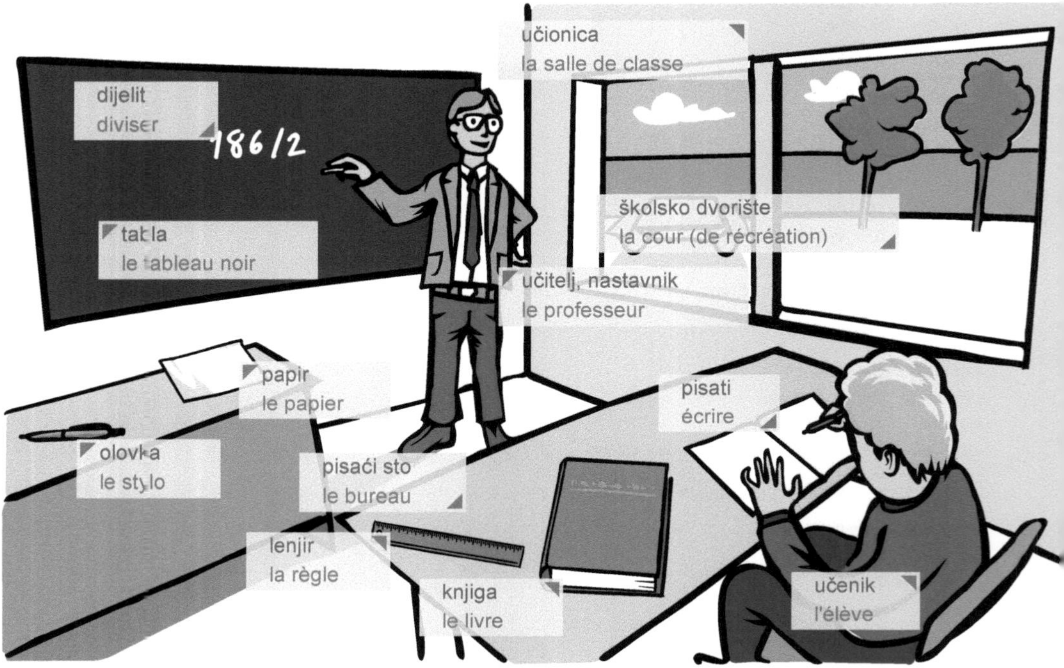

učionica
la salle de classe

dijelit
diviser

186/2

tabla
le tableau noir

školsko dvorište
la cour (de récréation)

učitelj, nastavnik
le professeur

papir
le papier

pisati
écrire

olovka
le stylo

pisaći sto
le bureau

lenjir
la règle

knjiga
le livre

učenik
l'élève

torba
le cartable

pernica
la trousse

drvena olovka
le crayon

šiljalo za olovke
le taille-crayon

gumica
la gomme

blok za crtanje
le carnet à dessin

crtež

le dessin

kist

le pinceau

kutija s bojama

la boîte de peinture

makaze

les ciseaux

ljepilo

la colle

vježbanka

le cahier d'exercices

domaća zadaća

les devoirs

broj

le chiffre

sabirati

additionner

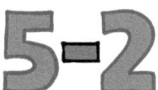

oduzimati

soustraire

množiti

multiplier

računati

calculer

slovo

la lettre

abeceda

l'alphabet

riječ

le mot

tekst
le texte

čitati
lire

kreda
la craie

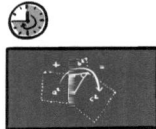

sat
la leçon

školski dnevnik
le livre de classe

ispit
l'examen

svjedočanstvo
le certificat

školska uniforma
l'uniforme scolaire

izobrazba
la formation

leksikon
le lexique

univerzitet
l'université

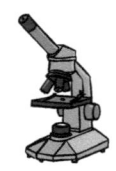

mikroskop
le microscope

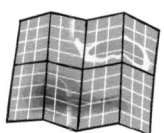

karta
la carte

korpa za papir
la corbeille à papier

# putovanje
# le voyage

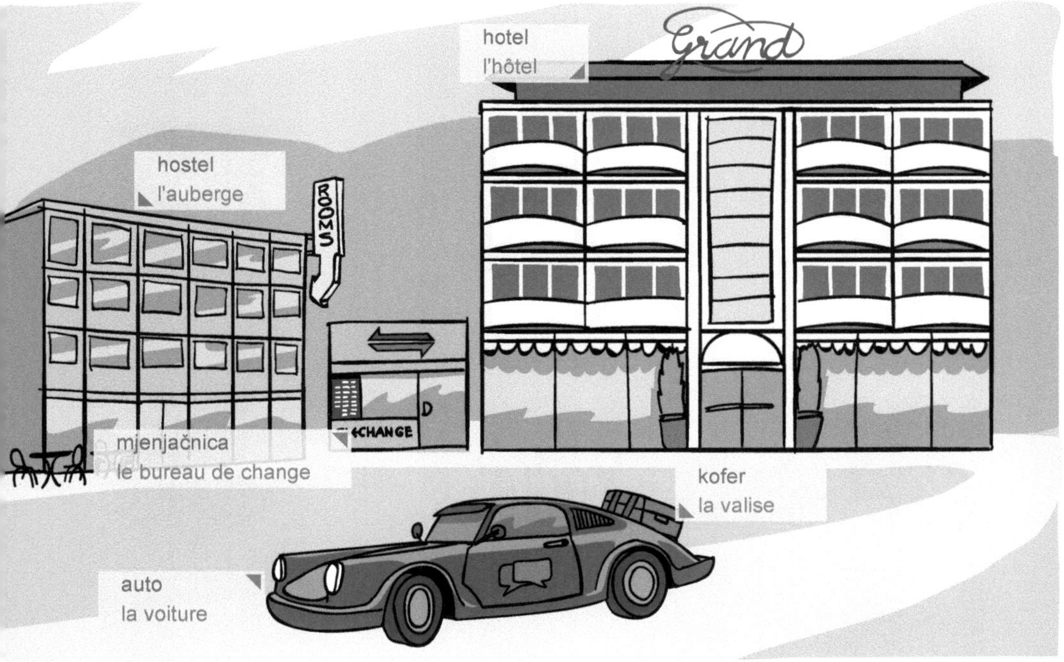
Grand
hotel
l'hôtel
hostel
l'auberge
ROOMS
mjenjačnica
le bureau de change
CHANGE
kofer
la valise
auto
la voiture

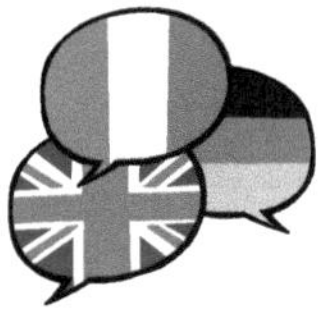

jezik

la langue

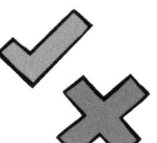

da / ne

oui / non

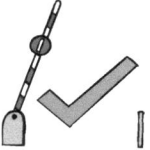

okej

d'accord

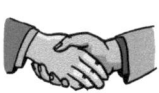

zdravo

Salut

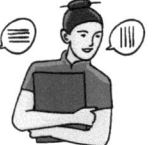

tumač

l'interprète

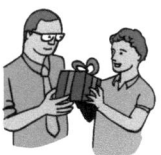

hvala

merci

Koliko košta...?

Combien coûte...?

Ne razumijem

Je ne comprends pas

problem

le problème

dobro veče!

Bonsoir !

Dobro jutro!

Bonjour !

Laku noć!

Bonne nuit !

doviđenja

Au revoir

smjer

la direction

prtljag

les bagages

torba

le sac

ruksak

le sac-à-dos

gost

l'hôte

soba

la pièce

vreća za spavanje

le sac de couchage

šator

la tente

turističke informacije

l'office de tourisme

plaža

la plage

kreditna kartica

la carte de crédit

doručak

le petit-déjeuner

ručak

le déjeuner

večera

le dîner

putna karta

le billet

lift

l'ascenseur

poštanska markica

le timbre

granica

la frontière

carina

la douane

ambasada

l'ambassade

viza

le visa

pasoš

le passeport

# transport
# le transport

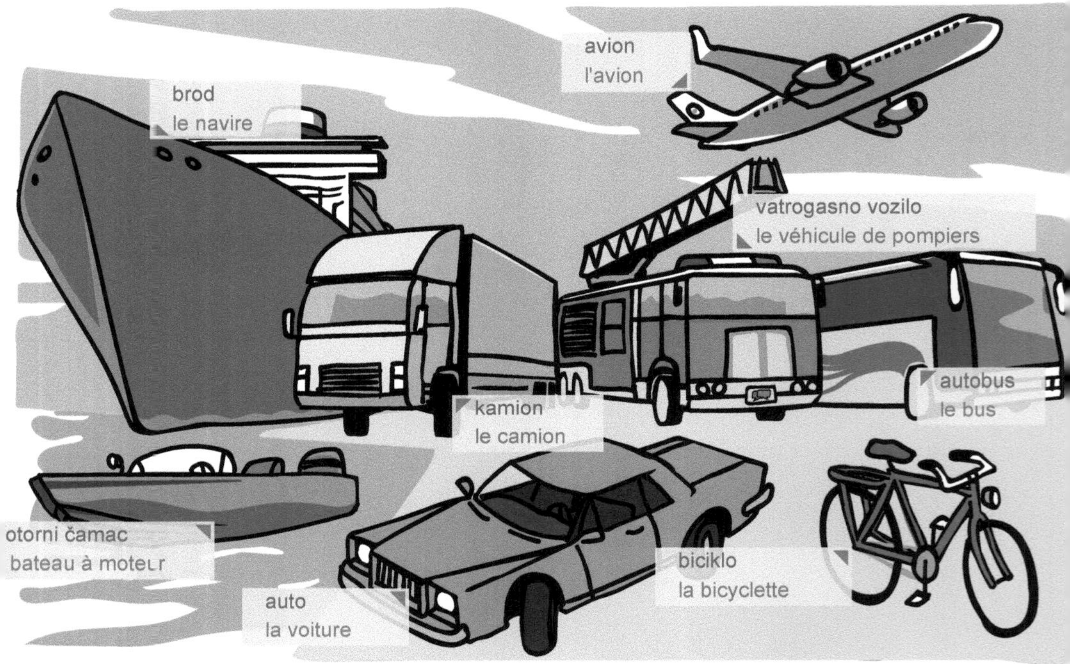
avion
l'avion
brod
le navire
vatrogasno vozilo
le véhicule de pompiers
autobus
le bus
kamion
le camion
otorni čamac
bateau à moteur
biciklo
la bicyclette
auto
la voiture

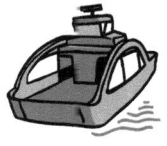

trajekt
le ferry

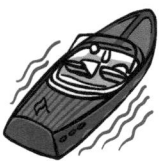

brod
la barque

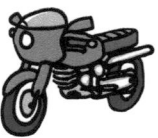

motocikl
la moto

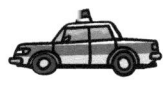

policijski automobil
la voiture de police

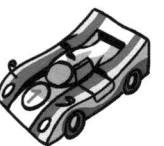

trkaći automobil
la voiture de course

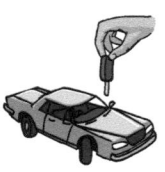

unajmljeni automobil
la voiture de location

kar-šering

l'auto-partage

pauk

la voiture de remorquage

smećarsko vozilo

la benne à ordures

motor

le moteur

gorivo

l'essence

benzinska pumpa

la station d'essence

saobraćajni znak

le panneau indicateur

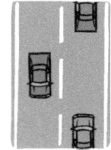

saobraćaj

le trafic

zastoj

l'embouteillage

parking

le parking

željeznička stanica

la gare

šine

les rails

voz

le train

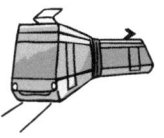

tramvaj

le tramway

vagon

le wagon

helikopter

l'hélicoptère

aerodrom

l'aéroport

toranj

la tour

putnik

le passager

kontejner

le conteneur

karton

le carton

tačke

le chariot

korpa

la corbeille

poletjeti / sletjeti

décoller / atterrir

# grad

## la ville

selo

le village

centar grada

le centre-ville

kuća

la maison

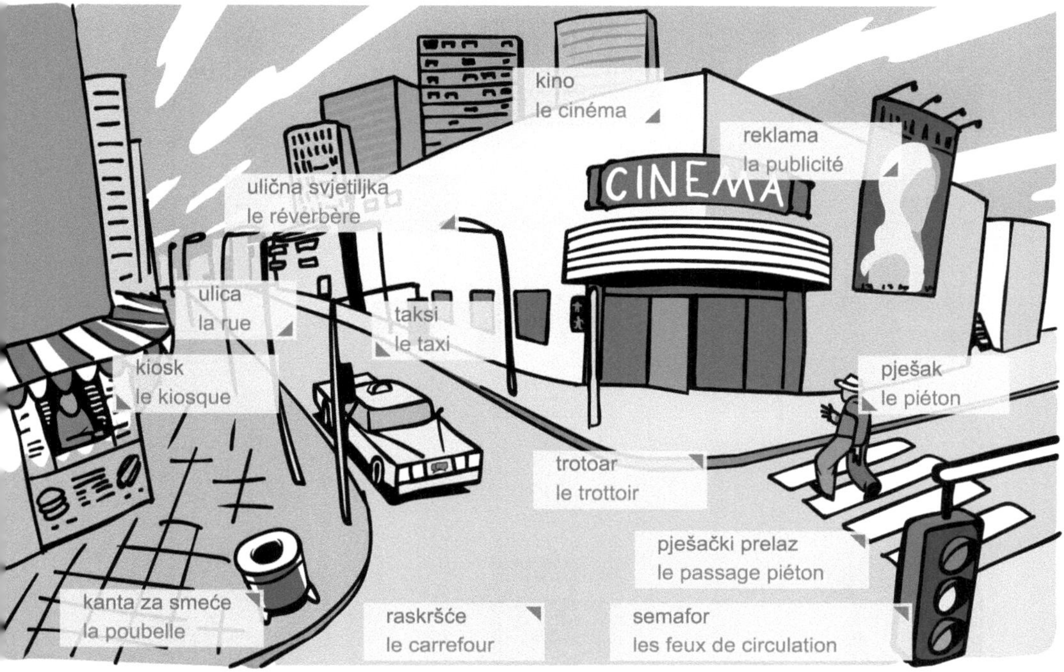

kino
le cinéma

reklama
la publicité

ulična svjetiljka
le réverbère

ulica
la rue

taksi
le taxi

kiosk
le kiosque

CINEMA

pješak
le piéton

trotoar
le trottoir

pješački prelaz
le passage piéton

kanta za smeće
la poubelle

raskršće
le carrefour

semafor
les feux de circulation

koliba
la cabane

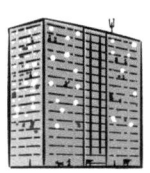

stan
l'appartement

željeznička stanica
la gare

vjećnica
la mairie

muzej
le musée

škola
l'école

univerzitet

l'université

banka

la banque

bolnica

l'hôpital

hotel

l'hôtel

apoteka

la pharmacie

ured

le bureau

knjižara

la librairie

radnja

le magasin

cvjećara

le fleuriste

supermarket

le supermarché

pijaca

le marché

robna kuća

le grand magasin

prodavač ribe

la poissonnerie

trgovački centar

le centre commercial

luka

le port

park
..................
le parc

klupa
..................
la banque

most
..................
le pont

stepenice
..................
les escaliers

podzemna željeznica
..................
le métro

tunel
..................
le tunnel

autobuska stanica
..................
l'arrêt de bus

bar
..................
le bar

restoran
..................
le restaurant

poštanski sandučić
..................
la boîte à lettres

saobraćajni znak
..................
le panneau indicateur

sat za naplatu parkinga
..................
le parcmètre

zoološki vrt
..................
le zoo

bazen
..................
le réverbère

džamija
..................
la mosquée

seosko imanje
la ferme

zagađenje okoline
la pollution

groblje
la cimetière

crkva
l'église

igralište
l'aire de jeux

hram
le temple

# krajolik

## le paysage

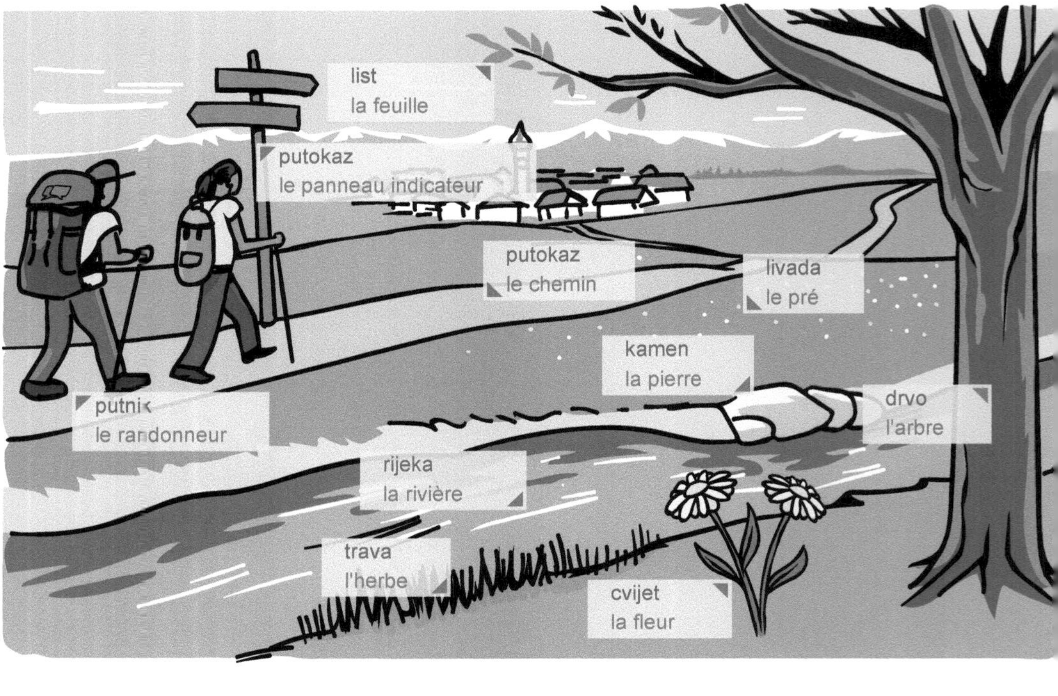

list
la feuille

putokaz
le panneau indicateur

putokaz
le chemin

livada
le pré

kamen
la pierre

putnik
le randonneur

drvo
l'arbre

rijeka
la rivière

trava
l'herbe

cvijet
la fleur

dolina

la vallée

brdo

la montagne

jezero

le lac

šuma

la forêt

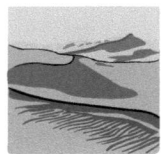

pustinja

le désert

vulkan

le volcan

dvorac

le château

duga

l'arc-en-ciel

gljiva

le champignon

palma

le palmier

komarac

le moustique

muha

la mouche

mrav

les fourmis

pčela

l'abeille

pauk

l'araignée

buba

le coléoptère

žaba

la grenouille

vjeverica

l'écureuil

ež

le herisson

zec

le lièvre

sova

la chouette

ptica

l'oiseau

labud

le cygne

divlja svinja

le sanglier

jelen

le cerf

los

l'élan

brana

le barrage

vjetrenjača

l'éolienne

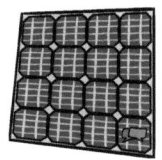

solarni modul

le panneau solaire

klima

le climat

# restoran
# le restaurant

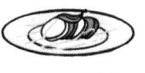

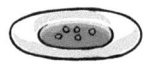

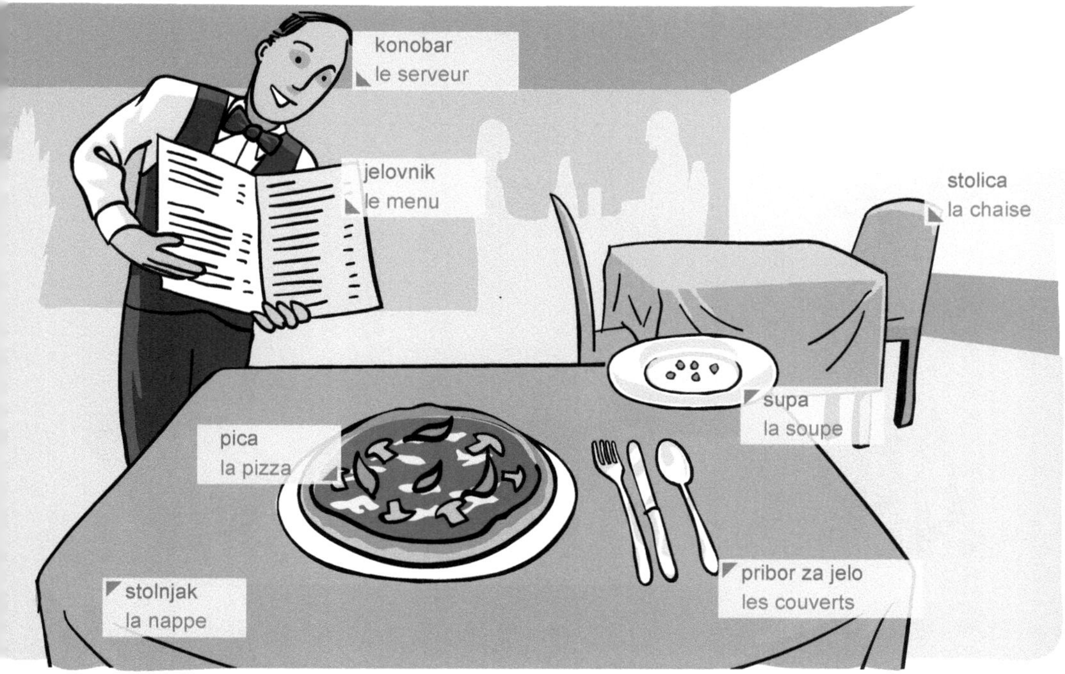
konobar
le serveur
jelovnik
le menu
stolica
la chaise
supa
la soupe
pica
la pizza
pribor za jelo
les couverts
stolnjak
la nappe

predjelo

les hors d'œuvre

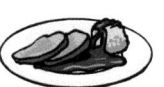

glavno jelo

le plat principal

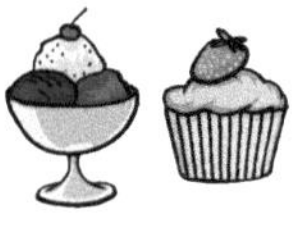

desert

le dessert

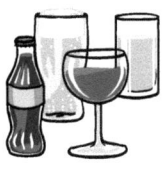

piće

les boissons

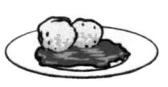

jelo

l'alimentation

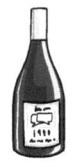

flaša

la bouteille

**brza hrana**

le fast-food

**jelo sa ulice**

les plats à emporter

**čajnik**

la théière

**šećernica**

le sucrier

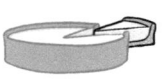

**porcija**

la portion

**mašina za espreso**

la machine à expresso

**barska stolica**

la chaise haute

**račun**

la facture

**tacna**

le plateau

**nož**

le couteau

**viljuška**

la fourchette

**kašika**

la cuillère

**kašičica**

la cuillère à thé

**salveta**

la serviette

**čaša**

le verre

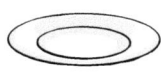

tanjir

l'assiette

tanjir za supu

l'assiette à soupe

tanjurić

la soucoupe

sos

la sauce

solanik

la salière

mlin za biber

le moulin à poivre

sirće

le vinaigre

ulje

l'huile

začini

les épices

kečap

le ketchup

senf

la moutarde

majoneza

la mayonnaise

# supermarket
# le supermarché

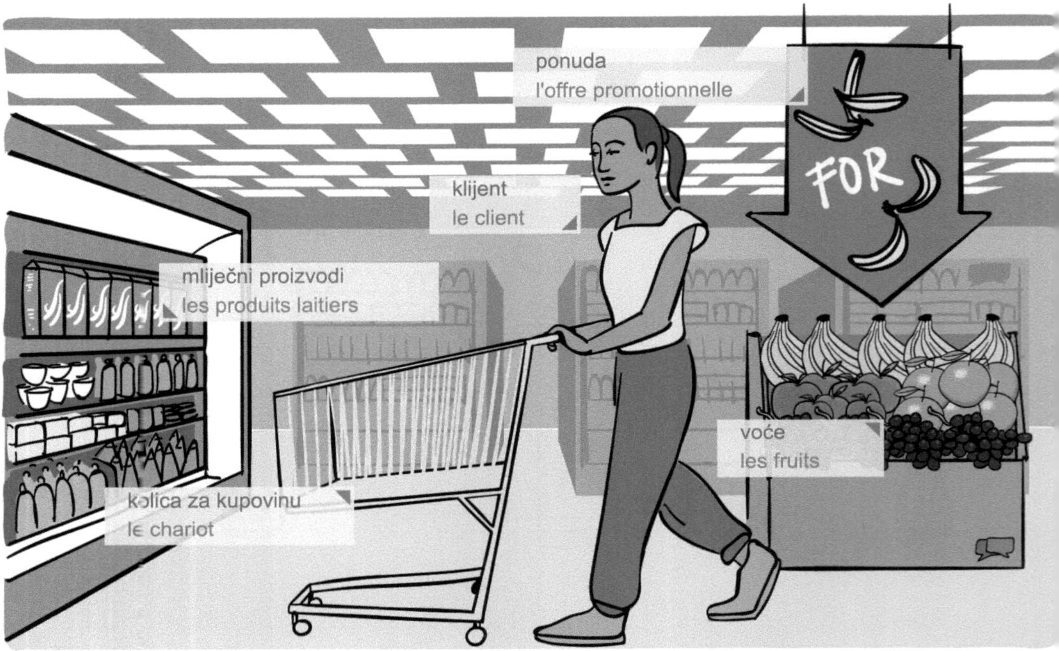

ponuda
l'offre promotionnelle
klijent
le client
FOR
mliječni proizvodi
les produits laitiers
voće
les fruits
kolica za kupovinu
le chariot


BUTCHERS


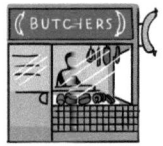

mesnica- klaonica

la boucherie

BAKERY


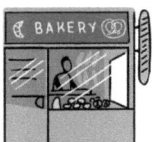

pekara

la boulangerie

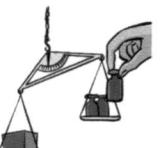

vagati

peser

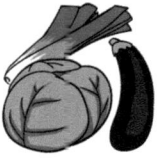

povrće

les légumes

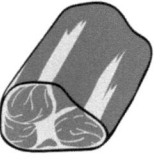

meso

la viande

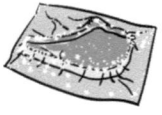

zaleđena hrana

les aliments surgelés

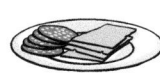

narezak

la charcuterie

konzerve

les conserves

prašak za veš

la poudre à lessive

slatkiši

les bonbons

kućanski proizvodi

les articles ménagers

sredstvo za čišćenje

les détergents

prodavačica

la vendeuse

kasa

la caisse

blagajnik

le caissier

lista za kupovinu

la liste d'achats

radno vrijeme

les heures d'ouverture

novčanik

le portefeuille

kreditna kartica

la carte de crédit

torba

le sac

najlonska vrećica

le sac en plastique

voda

l'eau

sok

le jus de fruit

mlijeko

le lait

kola

le coca

vino

le vin

pivo

la bière

alkohol

l'a cool

kakao

le chocolat chaud

čaj

le thé

kafa

le café

espreso

l'expresso

kapućino

le cappuccino

banana

la banane

jabuka

la pomme

narandža

l'orange

lubenica

le melon

limun

le citron.

mrkva

la carotte

bijeli luk

l'ail

bambus

le bambou

crveni luk

l'oignon

gljiva

le champignon

orašasti plodovi

les noisettes

pasta

les pâtes

špagete

les spaghetti

riža

le riz

salata

la salade

pomfrit

les pommes frites

pečeni krompir

les pommes de terre rôties

pica

la pizza

hamburger

le hamburger

sendvič

le sandwich

šnicla

l'escalope

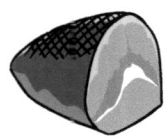

šunka

le jambon

kobasica

le salami

kobasica

la saucisse

kokoš

le poulet

pečenje

le rôti

riba

le poisson

zobene pahuljice

les flocons d'avoine

muzli

le muesli

kornfleks

les cornflakes

brašno

la farine

kroason

le croissant

zemičke

les petits-pains

kruh

le pain

tost

le pain grillé

keksi

les biscuits

maslac

le beurre

svježi sir

le fromage blanc

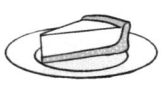

kolač

le gâteau

jaje

l'œuf

jaje na oko

l'œuf au plat

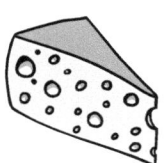

sir

le fromage

sladoled

la glace

šećer

le sucre

med

le miel

marmelada

la confiture

nugat krema

la crème nougat

kuri

le curry

# seosko imanje
# la ferme

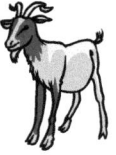

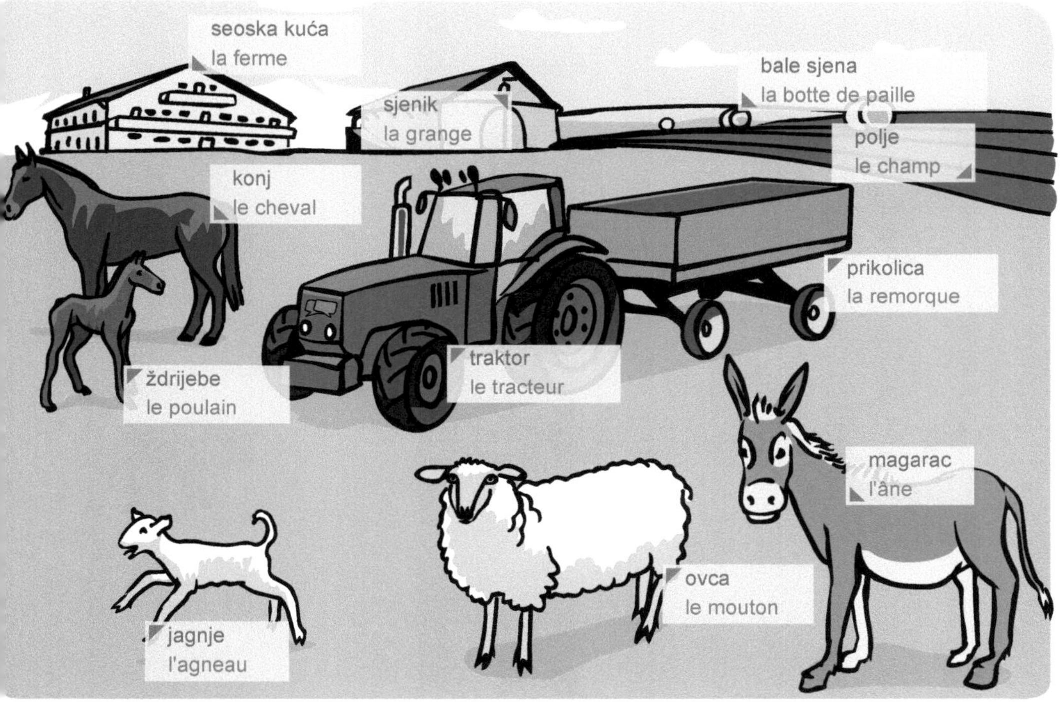
seoska kuća
la ferme
bale sjena
la botte de paille
sjenik
la grange
polje
le champ
konj
le cheval
prikolica
la remorque
traktor
le tracteur
ždrijebe
le poulain
magarac
l'âne
ovca
le mouton
jagnje
l'agneau

koza
la chèvre

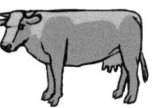

krava
la vache

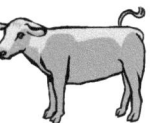

tele
le veau

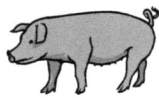

svinja
le porc

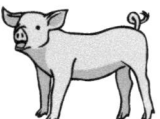

prase
le porcelet

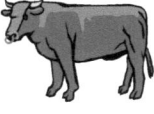

bik
le taureau

guska

l'oie

patka

le canard

pile

le poussin

kokoška

la poule

pjetao

le coq

pacov

le rat

mačka

le chat

miš

la souris

vol

le bœuf

pas

le chien

pseća kućica

le chenil

crijevo za baštu

le tuyau de jardin

kanta za zalijevanje

l'arrosoir

kosa

la faucheuse

plug

la charrue

srp

la faucille

motika

la pioche

vile

la fourche

sjekira

la hache

tačke

la brouette

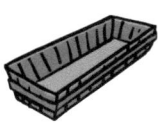

korito

la cuve

bokal za mlijeko

le pot à lait

vreća

le sac

ograda

la clôture

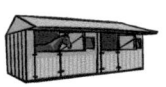

štala

l'étable

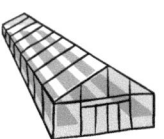

staklenik

le serre

tlo

le sol

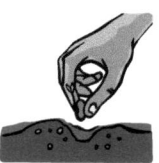

sjeme

les semences

đubrivo

l'engrais

kombajn

la moissonneuse-batteuse

kositi

récolter

žetva

la récolte

jam korijen

l'igname

pšenica

le blé

soja

le soja

krompir

la pomme de terre

kukuruz

le maïs

uljana repica

le colza

drvo voća

l'arbre fruitier

manioka

le manioc

žito

les céréales

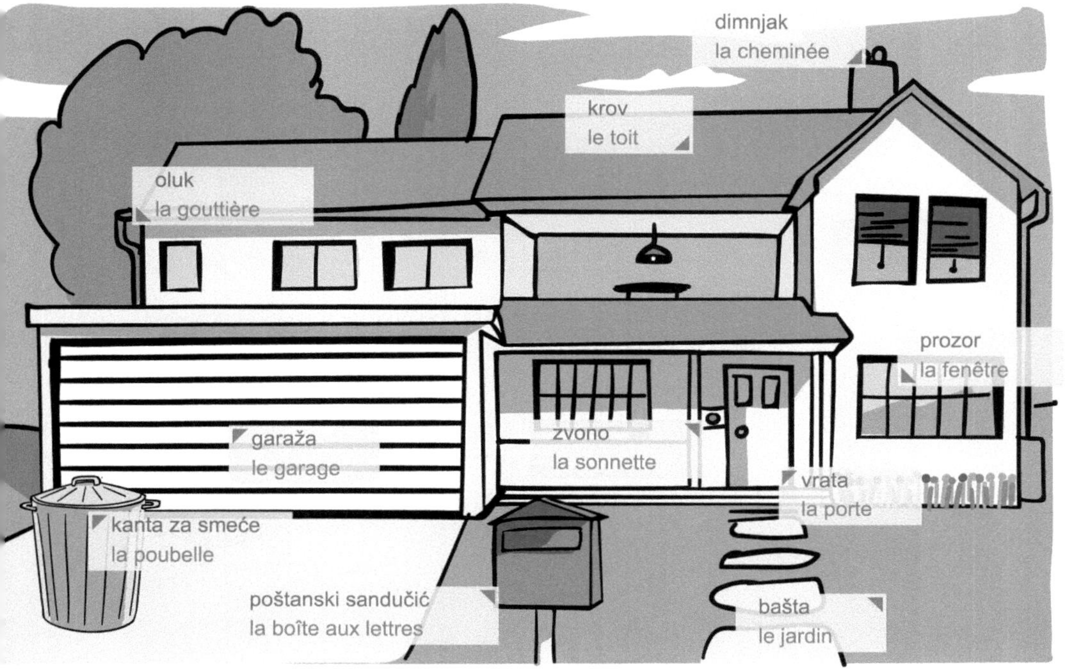

Picture of a house with labels:

dimnjak
la cheminée

krov
le toit

oluk
la gouttière

prozor
la fenêtre

garaža
le garage

zvono
la sonnette

vrata
la porte

kanta za smeće
la poubelle

poštanski sandučić
la boîte aux lettres

bašta
le jardin

dnevni boravak
.................
le salon

kupatilo
.................
la salle de bain

kuhinja
.................
la cuisine

spavaća soba
.................
la chambre à coucher

dječija soba
.................
la chambre d'enfant

trpezarija
.................
la salle à manger

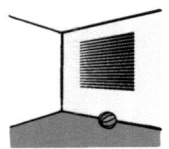

pod, tlo

le sol

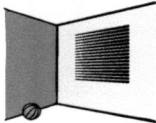

zid

le mur

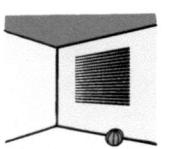

plafon

le plafond

podrum

la cave

sauna

le sauna

balkon

le balcon

terasa

la terrasse

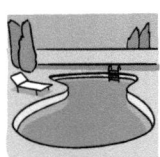

bazen

la piscine

kosilica

la tondeuse à gazon

posteljina

la housse

pokrivač

la couette

krevet

le lit

metla

le balai

kanta

le sceau

prekidač

l'interrupteur

kuća - la maison

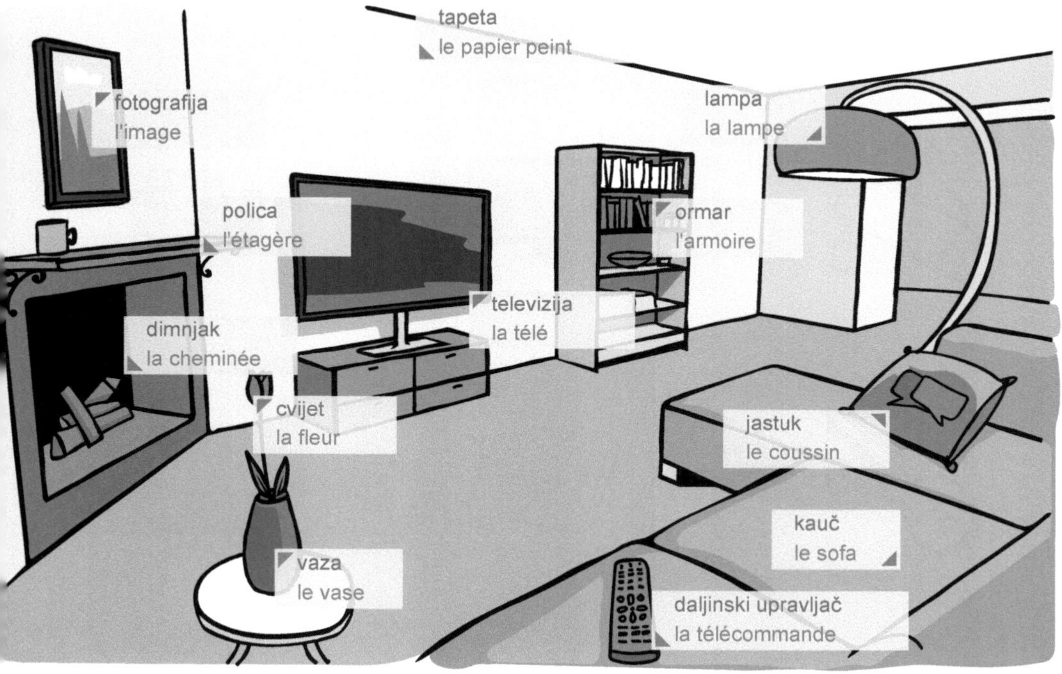

tapeta
le papier peint

fotografija
l'image

lampa
la lampe

polica
l'étagère

ormar
l'armoire

dimnjak
la cheminée

televizija
la télé

cvijet
la fleur

jastuk
le coussin

kauč
le sofa

vaza
le vase

daljinski upravljač
la télécommande

tepih
le tapis

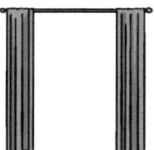

zavjesa
le rideau

stol
la table

stolica
la chaise

stolica za ljuljanje
la chaise à bascule

fotelja
le fauteuil

knjiga

le livre

deka

la couverture

dekoracija

la décoration

ložro drvo

le bois de chauffage

film

le film

stereo uređaj

la chaîne hi-fi

ključ

la clé

novine

le journal

umjetnička slika

la peinture

poster

le poster

radio

la radio

blok za bilješke

le bloc-notes

usisavač

l'aspirateur

kaktus

le cactus

svijeća

la bougie

# kuhinja
# la cuisine

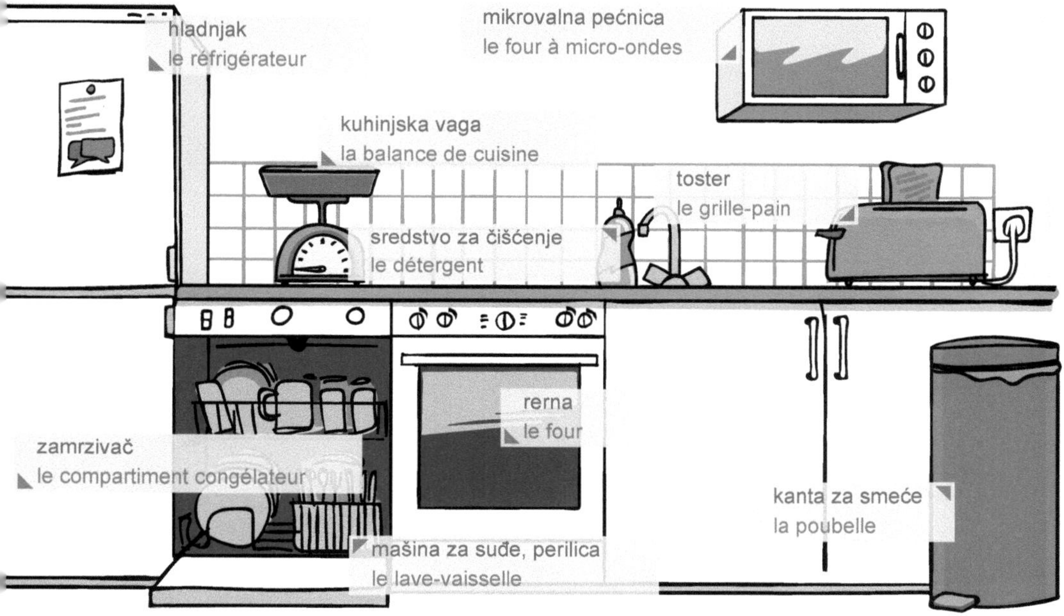
hladnjak
le réfrigérateur
mikrovalna pećnica
le four à micro-ondes
kuhinjska vaga
la balance de cuisine
toster
le grille-pain
sredstvo za čišćenje
le détergent
rerna
le four
zamrzivač
le compartiment congélateur
kanta za smeće
la poubelle
mašina za suđe, perilica
le lave-vaisselle

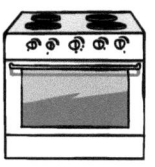

peć

le four

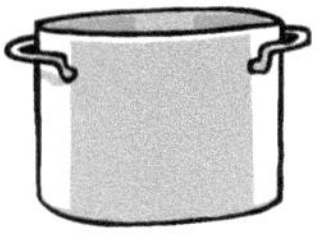

lonac

la casserole

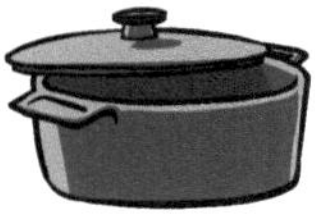

metalni lonac

la marmite

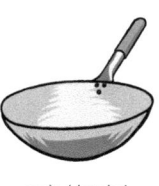

vok / kadai

le wok / kadai

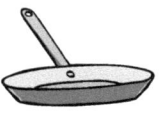

tava, tiganj

la poêle

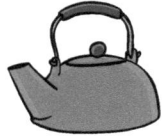

kuhalo

la bouilloire electrique

aparat za kuhanje na pari

le cuiseur vapeur

lim za pečenje

la plaque de cuisson

posuđe

la vaisselle

šalica

le gobelet

činija

la coupe

kineski štapići

les baguettes

kutlača

la louche

lopatica

la spatule

metlica za snijeg bjelanjca

le fouet

sito za kuhanje

la passoire

sito

le tamis

ribež

la râpe

avan s tučkom

le mortier

roštilj

le barbecue

ložište

la cheminée

daska

la planche à découper

oklagija

le rouleau à pâtisserie

vadičep

le tire-bouchon

konzerva

la boîte

otvarač za konzerve

l'ouvre-boîte

krpe za lonac

les maniques

sudoper

le lavabo

četka

la brosse

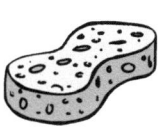

spužva

l'éponge

mikser

le mixeur

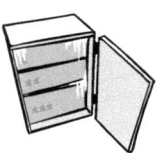

zamrzivač

le congélateur

flašica za bebu

le biberon

slavina

le robinet

# kupatilo

## la salle de bain

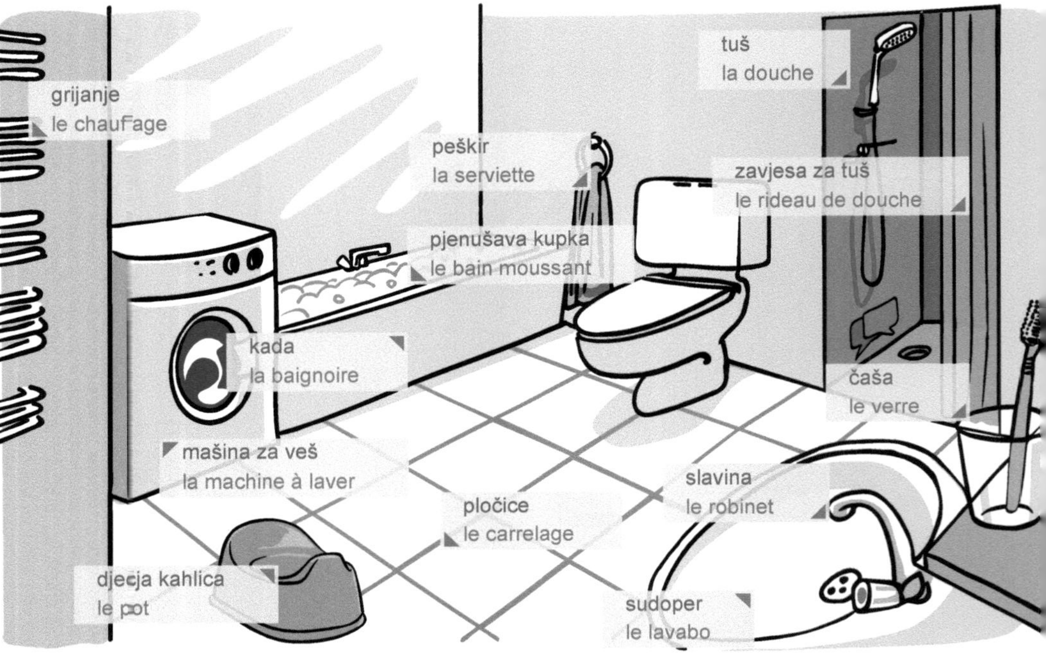

tuš
la douche

grijanje
le chauffage

peškir
la serviette

zavjesa za tuš
le rideau de douche

pjenušava kupka
le bain moussant

kada
la baignoire

čaša
le verre

mašina za veš
la machine à laver

slavina
le robinet

pločice
le carrelage

djecja kahlica
le pot

sudoper
le lavabo

toalet
les toilettes

čučavac
la toilette à la turque

bide
le bidet

pisoar
l'urinoir

toalet papir
le papier toilette

četka za wc
la brosse à toilette

četkica za zube

la brosse à dents

pasta za zube

le dentifrice

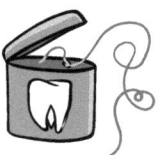

zubni konac

le fil dentaire

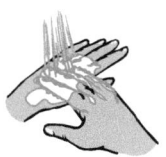

prati

laver

tuš

la douche manuelle

intimni tuš

la douche intime

lavor

la vasque

četka za leđa

la brosse dorsale

sapun

le savon

gel za tuširanje

le gel douche

šampon

le shampooing

krpe za pranje

le gant de toilette

odvod

l'écoulement

krema

la crème

dezodorans

le déodorant

ogledalo

le miroir

ogledalo za šminkanje

le miroir cosmétique

brijač

le rasoir

pjena za brijanje

la mousse à raser

vodica poslije brijanja

l'après-rasage

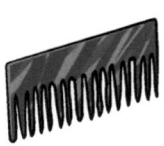

češalj

la peigne

četka

la brosse

fen

le sèche-cheveux

sprej za kosu

la laque pour cheveux

puder

le fond de teint

karmin

le rouge à lèvres

lak za nokte

le vernis à ongles

vata

l'ouate

makazice za nokte

le coupe-ongles

parfem

le parfum

kozmetička torbica

la trousse de toilette

hoklica

le tabouret

vaga

le pèse-personne

kupaći ogrtač

le peignoir

rukavice za čišćenje

les gants de nettoyage

tampon

le tampon

uložak za dame

les serviettes hygiéniques

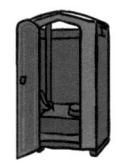

hemijski toalet

la toilette chimique

# dječija soba
# la chambre d'enfant

budilnik
le réveil
plišana igračka
le doudou
auto za igru
la voiture jouet
zvečka
le hochet
kućica za lutke
la maison de poupée
poklon
le cadeau

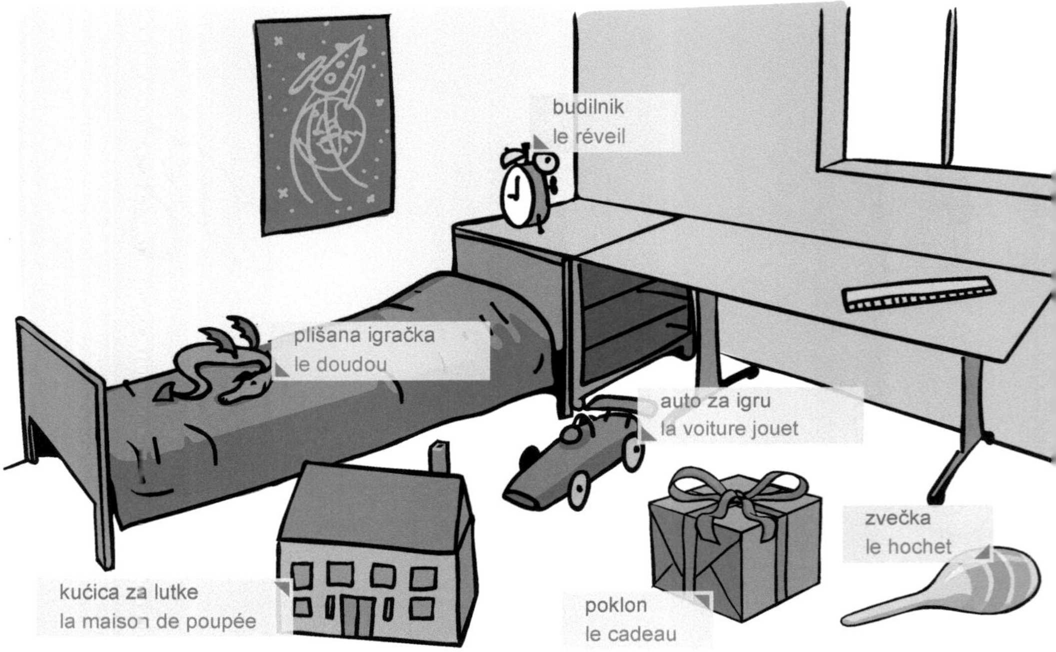

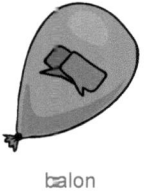

balon

le ballon

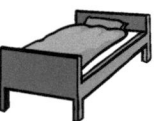

krevet

le lit

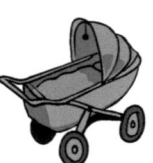

kolica za djecu

la poussette

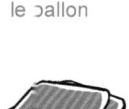

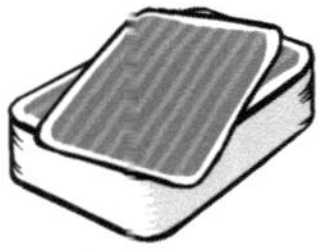

karte za igranje

le jeu de cartes

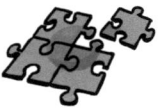

puzle

le puzzle

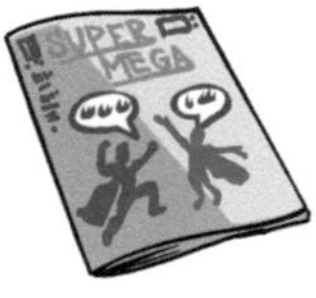

strip

la bande dessinée

lego kockice

les pièces lego

kockice za gradnju

les blocs de construction

akcione figure

la figurine

benkica

la grenouillère

frizbi

le frisbee

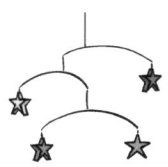

mobile

le mobile

igra na ploči

le jeu de société

kocka

le dé

miniatura željeznice

le train miniature

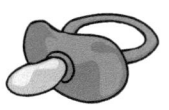

cucla

la sucette

zabava

la fête

slikovnica

le livre d'images

lopta

la balle

lutka

la poupée

igrati

jouer

pješćanik

le bac à sable

ljuljačka

la balançoire

igračke

les jouets

konzola za igru

la console de jeu

triciklo

le tricycle

medvjedić

l'ours en peluche

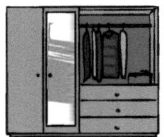

ormar

l'armoire

## odjeća

## les vêtements

kratke čarape

les chaussettes

čarape

les bas

hulahopke

le collant

šal
l'écharpe

kišobran
le parapluie

kaiš
la ceinture

majica kratkih rukava
le t-shirt

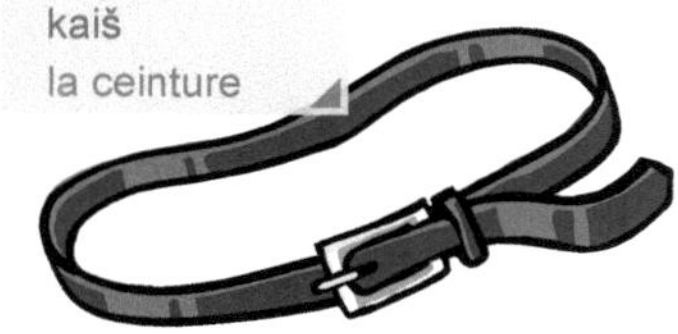

patike
les baskets

čizme
les bottes

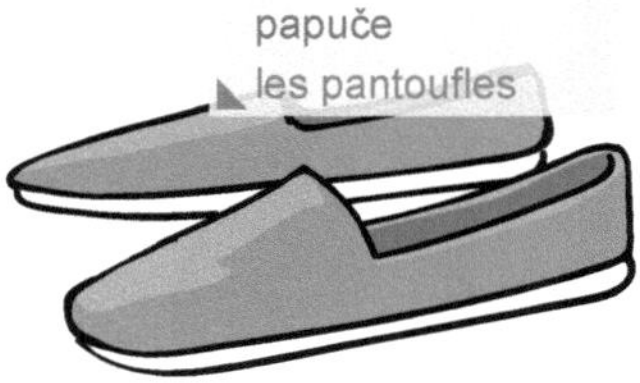

papuče
les pantoufles

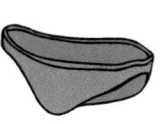

sandale
les sandales

cipele
les chaussures

gumene čizme
les bottes de caoutchouc

gaće
les sous-vêtements

grudnjak
le soutien-gorge

potkošulja
le maillot de corps

bodi

le body

hlače

le pantalon

farmerke

le jean

suknja

la jupe

bluza

le chemisier

košulja

la chemise

džemper

le pull

majica

le sweat à capuche

sako

la veste

jakna

la veste

mantil

le manteau

kišni mantil

l'imperméable

kostim

le costume

haljina

la robe

vjenčanica

la robe de mariée

odijelo

le costume

spavaćica

la chemise de nuit

pidžama

le pyjama

sari

le sari

marama

le foulard

turban

le turban

burka

la burqa

kaftan

le caftan

abaja

l'abaya

kupaći kostim

le maillot de bain

kupaće gaće

le maillot de bain

kratke hlače

le short

trenerka

la tenue d'entraînement

pregača

le tablier

rukavice

les gants

dugme

le bouton

naočare

les lunettes

narukvica

le bracelet

ogrlica

le collier

prsten

la bague

naušnica

la boucle d'oreille

kapa

le bonnet

vješalica

le cintre

šešir

le chapeau

kravata

la cravate

patentni zatvarač

la fermeture éclair

kaciga

le casque

tregeri za hlače

les bretelles

školska uniforma

l'uniforme scolaire

uniforma

l'uniforme

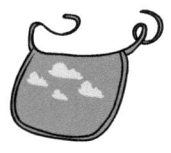

podbradak

le bavoir

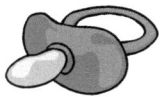

cucla

la sucette

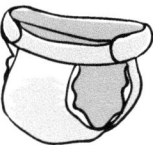

pelene

la lange

# ured

# le bureau

server
le serveur
ormar za kartoteku
l'armoire d'archivage
štampač
l'imprimante
papir
le papier
monitor
l'écran
miš
la souris
pisaći sto
le bureau
registrator
le classeur
tastatura
le clavier
korpa za papir
la corbeille à papier
kompjuter
l'ordinateur
stolica
la chaise


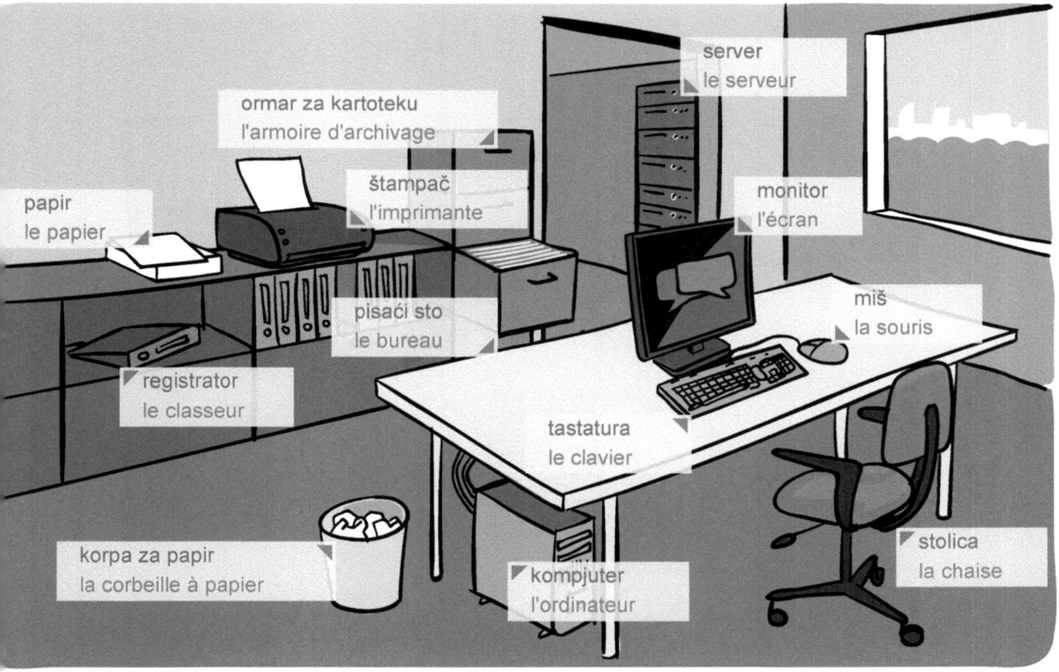

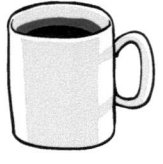

šolja za kafu

la tasse de café

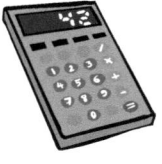

kalkulator

la calculatrice

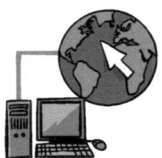

internet

l'internet

laptop

l'ordinateur portable

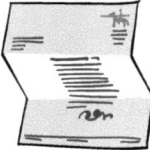

pismo

la lettre

poruka

le message

mobilr i telefon

le portable

mreža

le réseau

aparat za kopiranje

la photocopieuse

softver

le logiciel

telefon

le téléphone

utičnica

la prise

faks

le fax

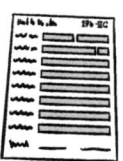

formular

le formulaire

dokument

le document

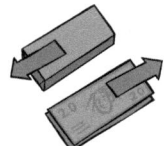

kupovati

acheter

platiti

payer

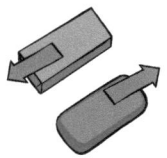

trgovati

faire du commerce

novac

la monnaie

 **USD**

dolar

le dollar

 **EUR**

euro

l'euro

 **JPY**

jen

le yen

 **RUB**

rublja

le rouble

 **CHF**

franak

le franc suisse

 **CNY**

renminbi jen

le renminbi yuan

 **INR**

rupi

la roupie

bankomat

le distributeur automatique

mjenjačnica

le bureau de change

zlato

l'or

srebro

l'argent

rafta

le pétrole

energija

l'énergie

cijena

le prix

ugovor

le contrat

porez

la taxe

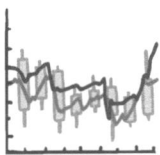

akcija

l'action

raditi

travailler

službenik

l'employé

poslodavac

l'employeur

fabrika

l'usine

radnja

le magasin

# zanimanja
# les professions

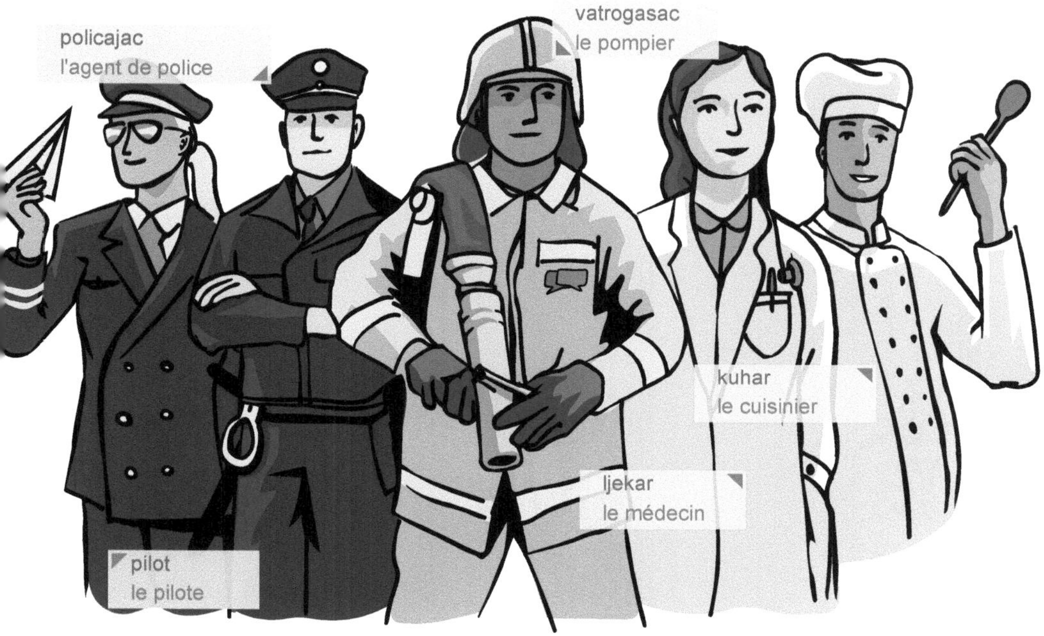

policajac
l'agent de police
vatrogasac
le pompier
kuhar
le cuisinier
ljekar
le médecin
pilot
le pilote


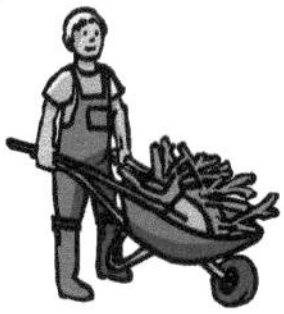

baštovan

le jardinier

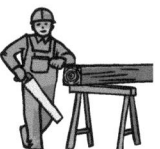

stolar

le menuisier

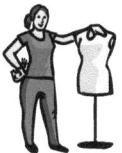

krojačica

la couturière

sudija

le juge

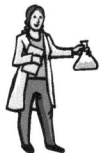

hemičar

le chimiste

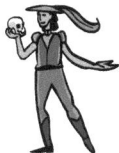

glumac

l'acteur

vozač autobusa

le conducteur de bus

vozač taksija

le chauffeur de taxi

ribar

le pêcheur

čistačica

la femme de ménage

krovopokrivač

le couvreur

konobar

le serveur

lovac

le chasseur

moler

le peintre

pekar

le boulanger

električar

l'électricien

građevinski radnik

l'ouvrier

inženjer

l'ingénieur

koljač

le boucher

limar, vodoinstalater

le plombier

poštar

le facteur

vojnik

le soldat

arhitekta

l'architecte

blagajnik

le caissier

cvjećar

le fleuriste

frizer

le coiffeur

kontrolor

le contrôleur

mehaničar

le mécanicien

kapiten

le capitaine

zubar

le dentiste

naučnik

le scientifique

rabin

le rabbin

imam

l'imam

monah

le moine

sveštenik

le prêtre

# alat

# les outils

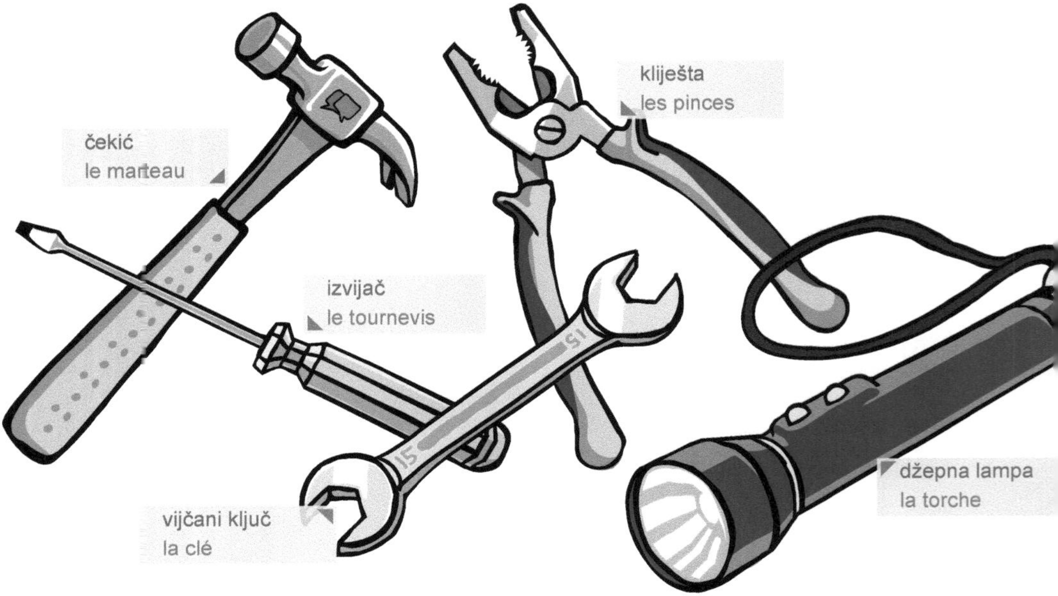
čekić
le marteau
kliješta
les pinces
izvijač
le tournevis
vijčani ključ
la clé
džepna lampa
la torche

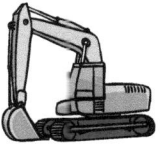

bager

la pe leteuse

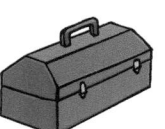

kutija sa alatom

la boîte à outils

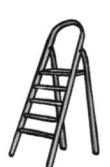

ljestve

l'échelle

testera, pila

la scie

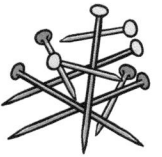

ekser

les clous

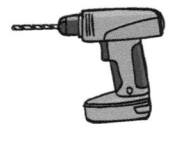

bušilica

la perceuse

popraviti

réparer

lopata

la pelle

sranje!

Mince !

lopatica

la pelle

kanta boje

le pot de peinture

vijak

les vis

## muzički instrumenti
## les instruments de musique

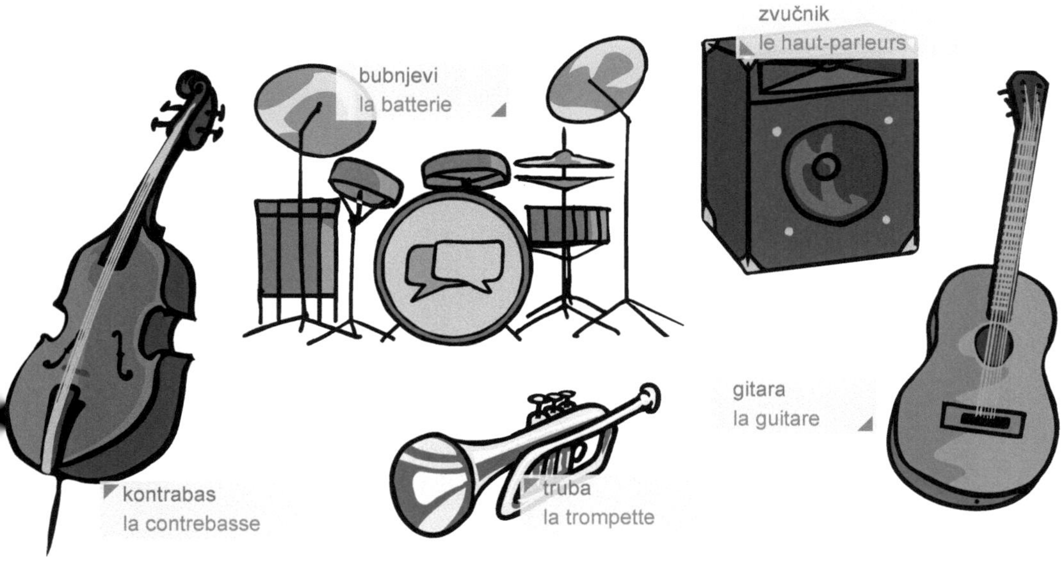

zvučnik
le haut-parleurs

bubnjevi
la batterie

gitara
la guitare

kontrabas
la contrebasse

truba
la trompette

Klavir

le piano

violina

le violon

bas

la basse

bubanj timpani

les timbales

bubanj

le tambour

sintisajzer

le piano électrique

saksofon

le saxophone

flauta

la flûte

mikrofon

le microphone

# zološki vrt
# le zoo

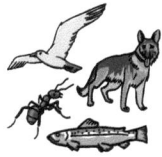

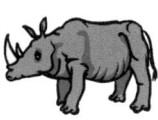

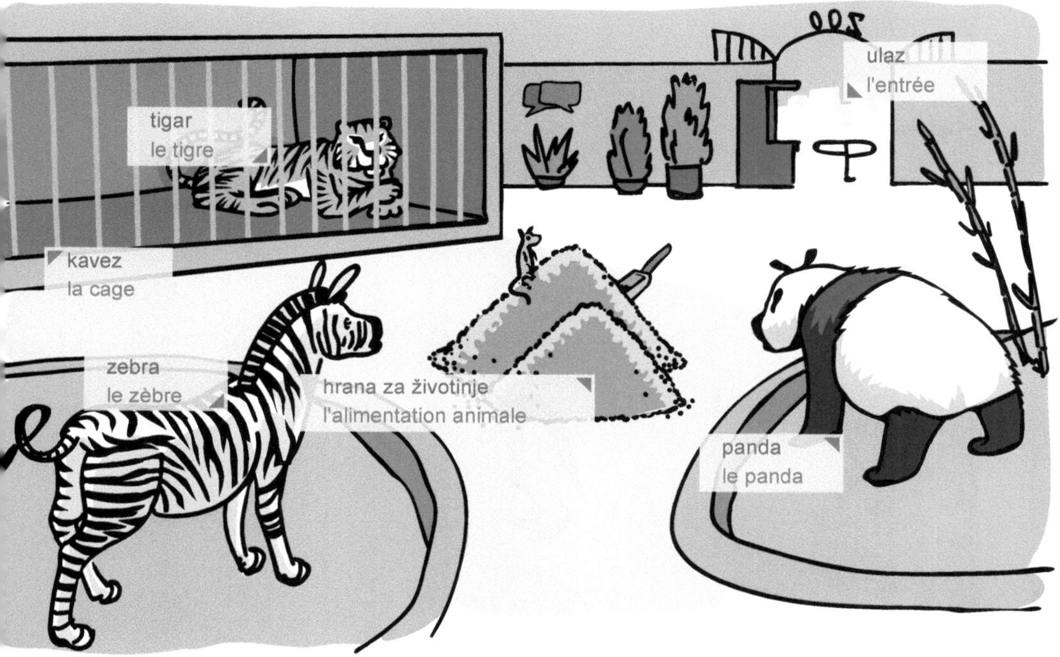
ZOO
ulaz
l'entrée
tigar
le tigre
kavez
la cage
zebra
le zèbre
hrana za životinje
l'alimentation animale
panda
le panda

životinje

les animaux

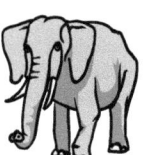

slon

l'éléphant

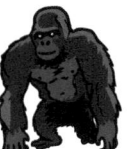

kengur

le kangourou

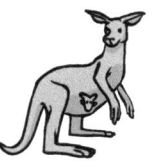

nosorog

le rhinocéros

gorila

le gorille

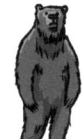

medvjed

l'ours

kamila

le chameau

noj

l'autruche

lav

le lion

majmun

le singe

flamingo

le flamand rose

papagaj

le perroquet

polarni medvjed

l'ours polaire

pingvin

le pingouin

morski pas

le requin

paun

le paon

zmija

le serpent

krokodil

le crocodile

čuvar u zoološkom vrtu

le garcien de zoo

tuljan

le phoque

jaguar

le jaguar

poni

le poney

leopard

le léopard

nilski konj

l'hippopotame

žirafa

la girafe

orao

l'aigle

divlja svinja

le sanglier

riba

le poisson

kornjača

la tortue

morž

le morse

lisica

le renard

gazela

la gazelle

američki fudbal
l'american Football

vožnja bicikla
le cyclisme

tenis
le tennis

košarka
le basket-ball

plivanje
la natation

boks
la boxe

hokej na ledu
le hockey sur glace

fudbal

le football

bedminton

le badminton

laka atletika

l'athlétisme

rukomet

le handball

skijanje

le ski

polo

le polo

62

# aktivnosti
# les activités

smijati se
rire
skakati
sauter
zagrliti
embrasser
ići
marcher
pjevati
chanter
sanjati
rêver
moliti
prier
ljubiti
faire la bise


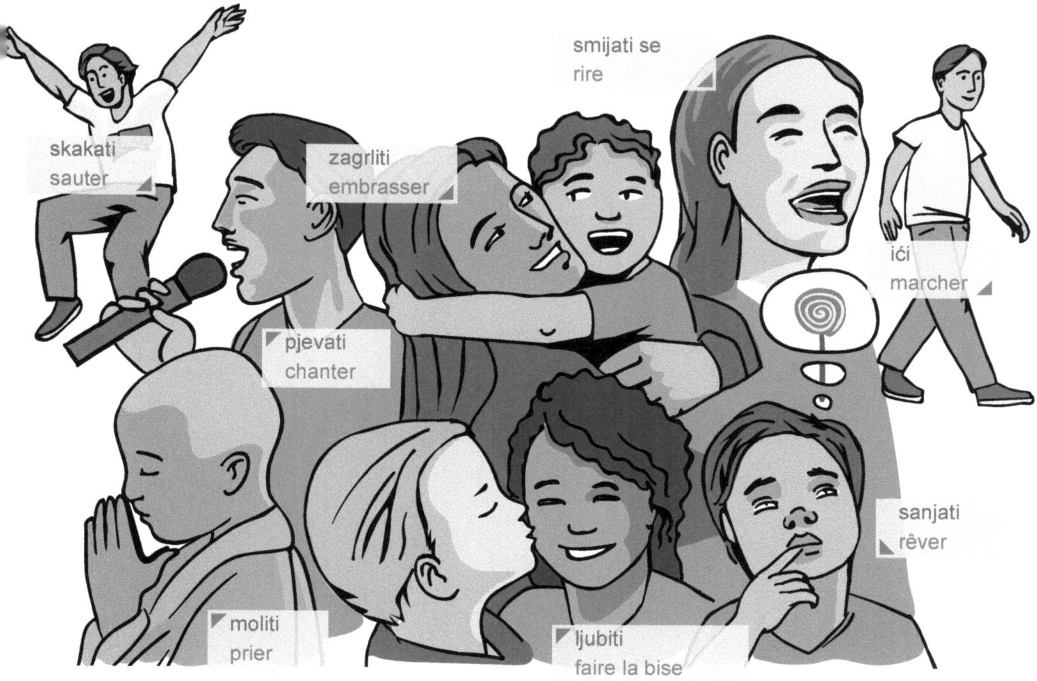

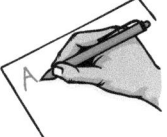

pisati

écrire

crtati

dessiner

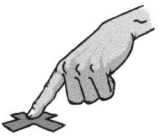

pokazati

montrer

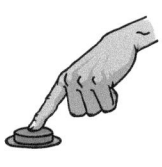

gurati

pousser

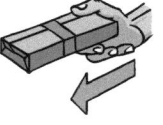

dati

donner

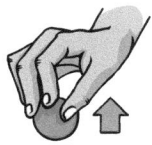

uzeti

prendre

imati
avoir

raditi
faire

biti
être

stajati
être debout

trčati
courir

vući
trier

baciti
jeter

pasti
tomber

ležati
être couché

čekati
attendre

nositi
porter

sjediti
être assis

obući
s'habiller

spavati
dormir

probuditi
se réveiller

pogledati

regarder

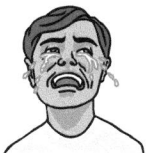

plakati

pleurer

milovati

caresser

češljati

peigner

govoriti

parler

razumjeti

comprendre

pitati

demander

slušati

écouter

piti

boire

jesti

manger

pospremiti

ranger

voljeti

aimer

kuhati

cuire

voziti

conduire

letjeti

voler

jedriti

faire de la voile

računati

calculer

čitati

lire

učiti

apprendre

raditi

travailler

vjenčavti

se marier

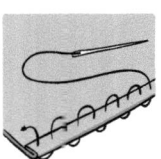

šiti

coudre

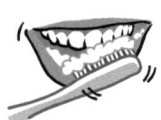

prati zube

brosser les dents

ubiti

tuer

pušiti

fumer

slati

envoyer

# porodica
# la famille

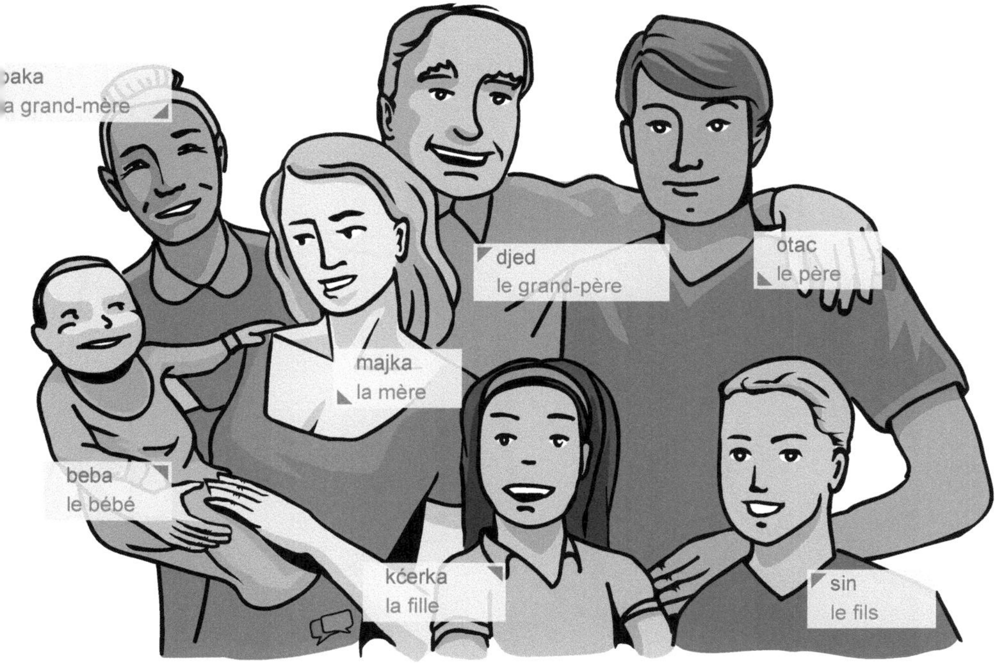
aka
a grand-mère
djed
le grand-père
otac
le père
majka
la mère
beba
le bébé
kćerka
la fille
sin
le fils

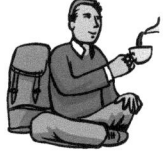

gost

l'hôte

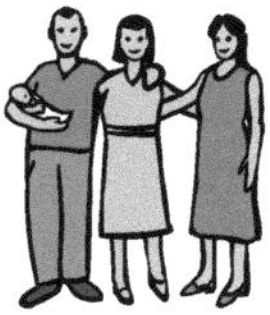

ujna, tetka, strina

la tante

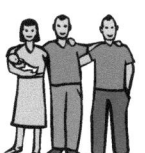

ujak, tetak, stric

l'oncle

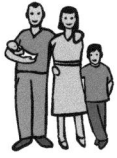

brat

le frère

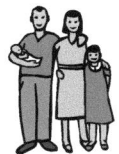

sestra

la sœur

# tijelo
## le corps

čelo
le front
oko
l'œil
leđa
l'épaule
prst
le doigt
lice
le visage
brada
le menton
ruka, šaka
la main
noga
la jambe
grudi
la poitrine
ruka
le bras


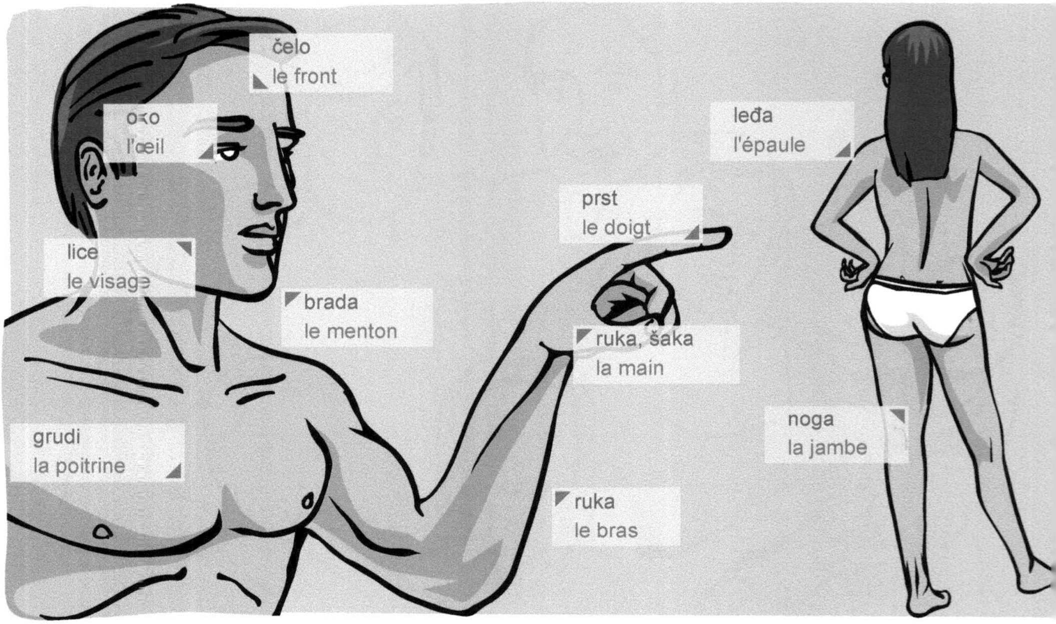

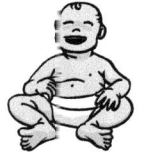

beba

le bébé

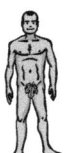

muškarac

l'homme

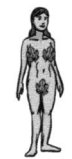

žena

la femme

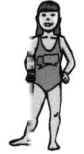

djevojčica

la fille

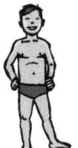

dječak

le garçon

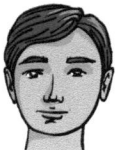

glava

la tête

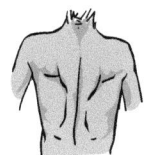

leđa

le dos

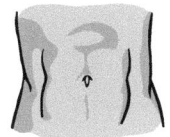

stomak

le ventre

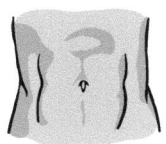

pupak

le nombril

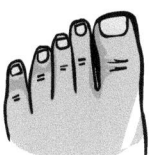

nožni prst

l'orteil

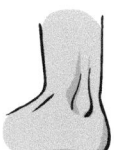

peta

le talon

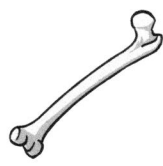

kosti

l'os

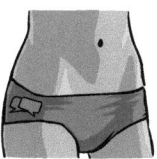

kuk

la hanche

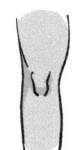

koljeno

le genou

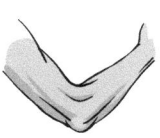

lakat

le coude

nos

le nez

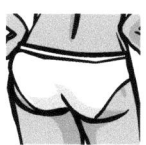

stražnjica

les fesses

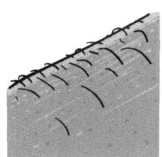

koža

la peau

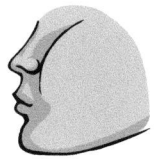

obraz

la joue

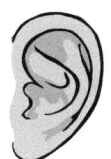

uho

l'oreille

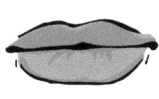

usna

la lèvre

usta

la bouche

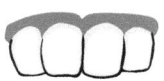

zub

la dent

jezik

la langue

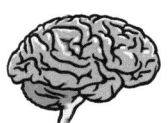

mozak

le cerveau

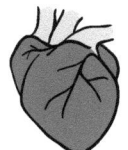

srce

le cœur

mišić

le muscle

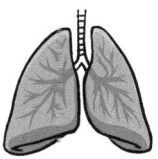

pluća

les poumons

jetra

le foie

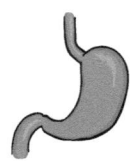

želudac

l'estomac

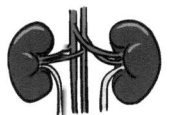

bubreg

les reins

spolni odnos

le rapport sexuel

kondom

le préservatif

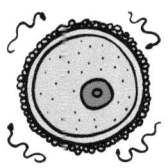

jajna ćelija

l'ovule

sperma

le sperme

trudnoća

la grossesse

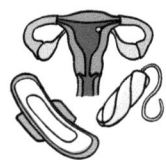

menstruacija

la menstruation

vagina

le vagin

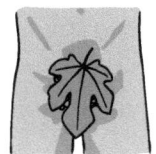

penis

le pénis

obrva

le sourcil

kosa

les cheveux

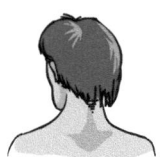

vrat

le cou

tijelo - le corps

# bolnica
# l'hôpital

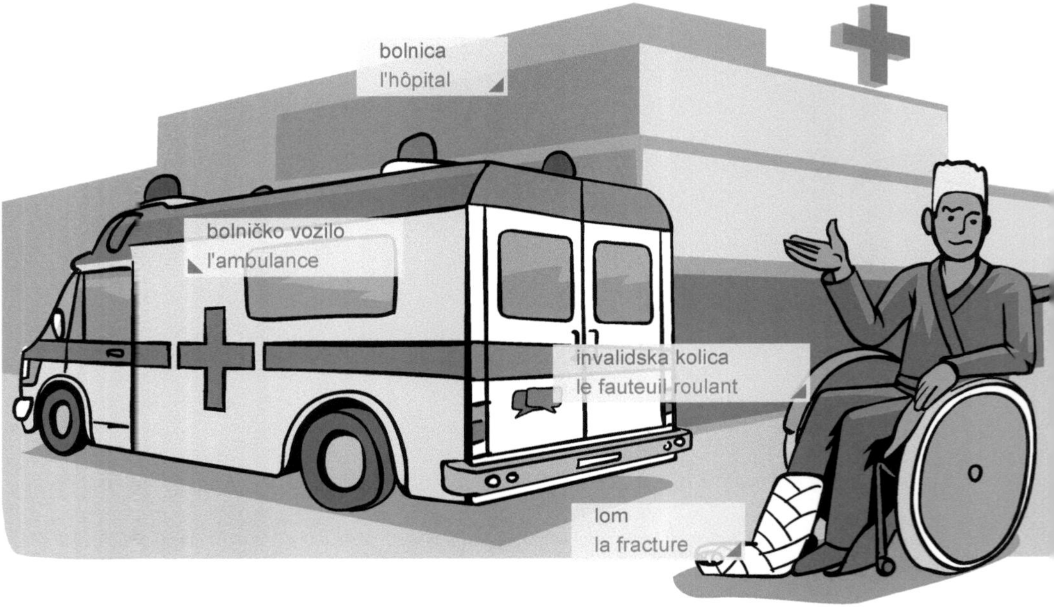

bolnica
l'hôpital
bolničko vozilo
l'ambulance
invalidska kolica
le fauteuil roulant
lom
la fracture


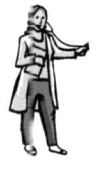

lekar

le médecin

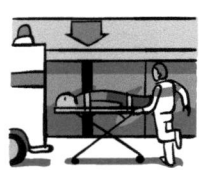

hitna služba

le service des urgences

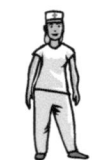

medicinska sestra

l'infirmière

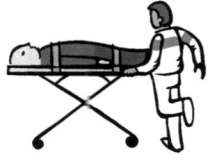

hitna pomoć

l'urgence

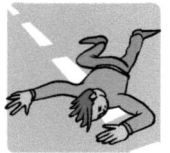

nesvjest

inconscient

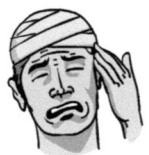

bol

la douleur

povreda

la blessure

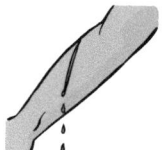

krvarenje

l'hémorragie

srčani udar, infarkt

la crise cardiaque

moždani udar

l'attaque cérébrale

alergija

l'allergie

kašalj

la toux

groznica

la fièvre

gripa

la grippe

proljev

la diarrhée

glavobolja

le mal de tête

rak

le cancer

dijabetes

le diabète

hirurg

le chirurgien

skalpel

le scalpel

operacija

l'opération

CT
le CT

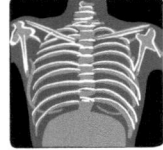

rendgen
la radiographie

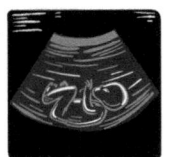

ultrazvuk
l'échographie

maska
le masque

bolest
la maladie

čekaonica
la salle d'attente

štake
la béquille

flaster
le pansement

zavoj
le pansement

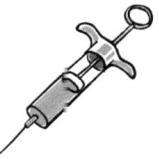

injekcija
l'injection

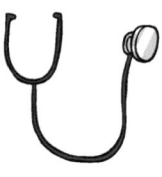

stetoskop
le stéthoscope

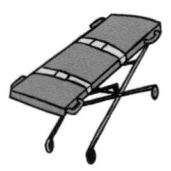

nosilo
le brancard

termometar
le thermomètre

porod
l'accouchement

prekomjerna težina, debljina

la surcharge pondérale

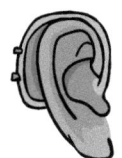

slušni aparat

l'appareil auditif

sredstvo za dezinfekciju

le désinfectant

infekcija

l'infection

virus

le virus

HIV/ AIDS

le VIH / le sida

medicina

le médicament

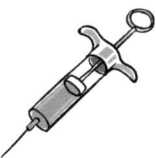

vakcinacija

la vaccination

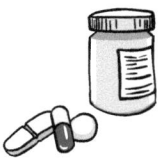

tablete

les comprimés

pilula

la pilule

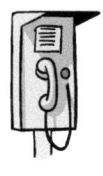

hitni poziv

l'appel d'urgence

aparat za mjerenje pritiska

le tensiomètre

bolestan / zdrav

malade / sain

U pomoć!
Au secours !

alarm
l'alarme

napad, prepad
l'assaut

napad
l'attaque

opasnost
le danger

izlaz u slučaju opasnosti
la sortie de secours

Požar!
Au feu!

vatrogasni aparat
l'extincteur

nezgoda
l'accident

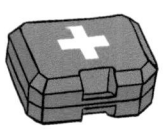

torba prve pomoći
la trousse de premier
secours

SOS
SOS

policija
la police

Europa

l'Europe

Sjeverna Amerika

l'Amérique du Nord

Južna Amerika

l'Amérique du Sud

Afrika

l'Afrique

Azija

l'Asie

Australija

l'Australie

Atlantik

l'Océan atlantique

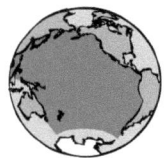

Pacifik

l'Océan pacifique

Indijski okean

l'Océan indien

Antarktički okean

l'Océan antarctique

Arktički okean

l'Océan arctique

Sjeverni pol

le Pôle nord

Južni pol
............
le Pôle sud

Antarktik
............
l'Antarctique

Zemlja
............
la terre

zemlja
............
le pays

more
............
la mer

ostrvo
............
l'île

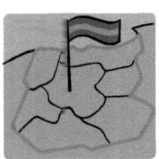

nacija
............
la nation

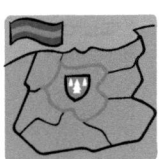

država
............
l'état

brojčanik sata

le cadran

kazaljka sata

l'aiguille des heures

kazaljka minute

l'aiguille des minutes

kazaljka sekunde

l'aiguille des secondes

Koliko je sati?

Quelle heure est-il ?

dan

le jour

vrijeme

le temps

sada

maintenant

digitalni sat

la montre digitale

minuta

la minute

sat

l'heure

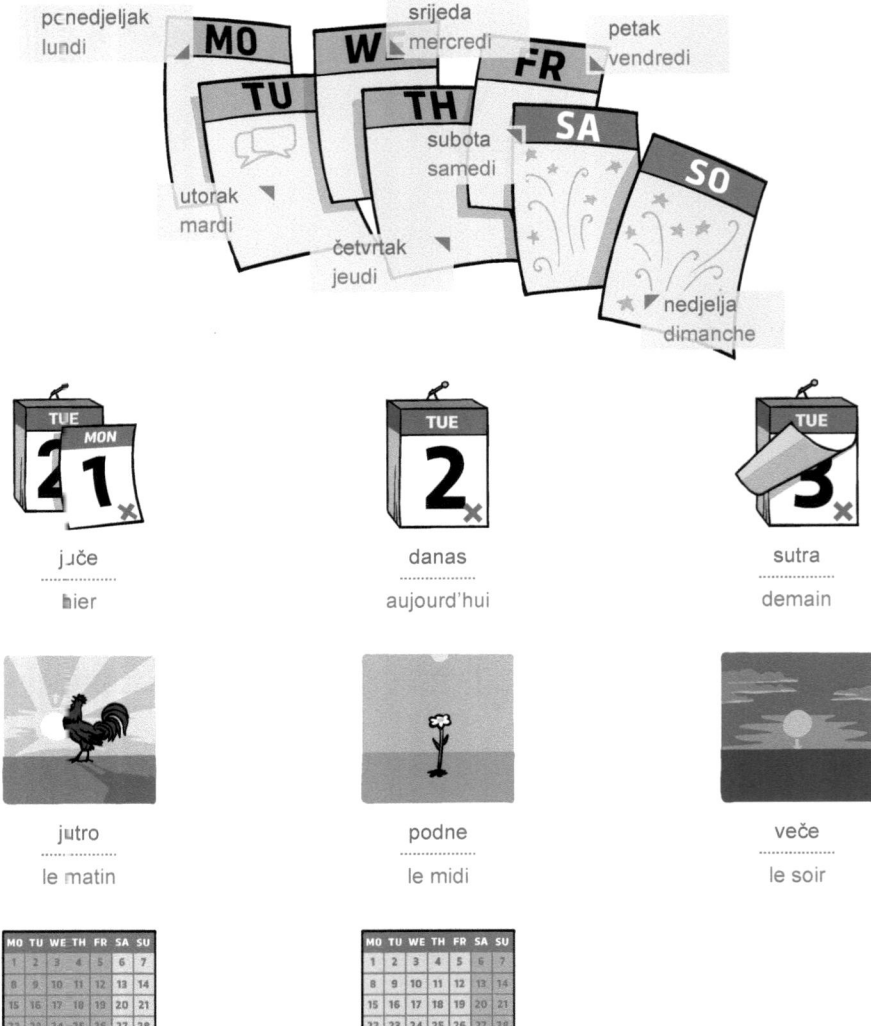

pcnedjeljak
lundi

srijeda
mercredi

petak
vendredi

utorak
mardi

subota
samedi

četvrtak
jeudi

nedjelja
dimanche

juče
hier

danas
aujourd'hui

sutra
demain

jutro
le matin

podne
le midi

veče
le soir

radni dani
les jours ouvrables

vikend
le week-end

# godina
# l'année

kiša
la pluie
duga
l'arc-en-ciel
snijeg
la neige
vjetar
le vent
proljeće
le printemps
jesen
l'automne
ljeto
l'été
zima
l'hiver


4.APRIL 11°
5.APRIL 4°
6.APRIL 13°
7.APRIL 8°
8.APRIL 10°


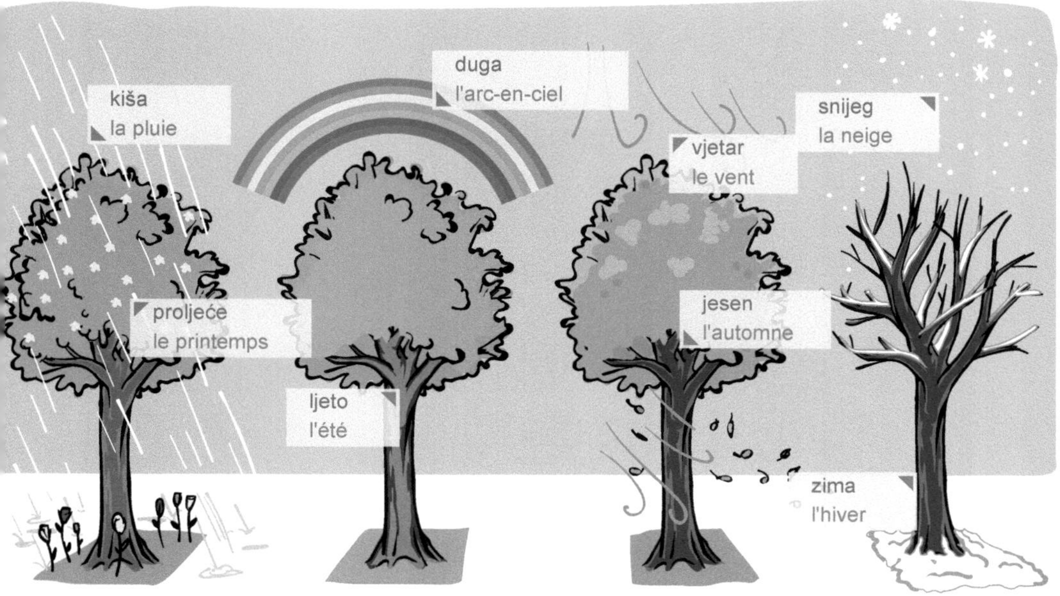

prognoza vremena

la météo

F C
120 90 60 30 0 -30
40 30 20 10 0 -10 -20


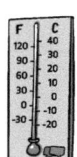

termometar

le thermomètre



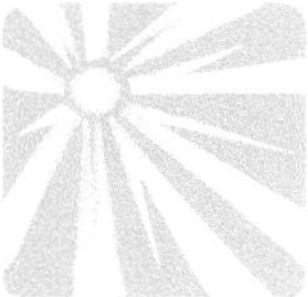

sunčev sjaj

la lumière du soleil

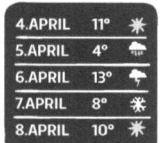

oblak

le nuage

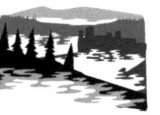

magla

le brouillard

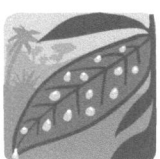

vlažnost vazduha

l'humidité

munja

la foudre

grom

la tonnerre

oluja

la tempête

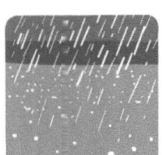

tuča, led

la grêle

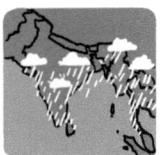

monsun

la mousson

poplava

l'inondation

led

la glace

januar

janvier

februar

février

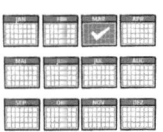

mart

nars

april

avril

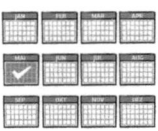

maj

mai

uni

uin

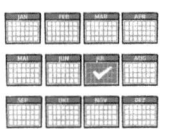

juli

juillet

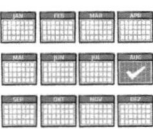

avgust

août

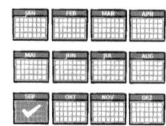

septembar
.................
septembre

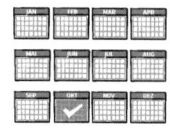

oktobar
.................
octobre

novembar
.................
novembre

decembar
.................
décembre

# oblici
## les formes

krug
.................
le cercle

kvadrat
.................
le carré

pravougao
.................
le rectangle

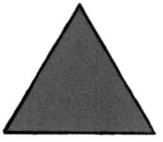

trougao
.................
le triangle

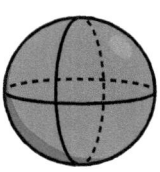

kugla
.................
la sphère

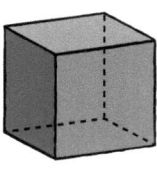

kocka
.................
le cube

bjel
blanc

žut
jaune

narandžast
orange

pink
rose

crven
rouge

ljubičast
violet

plav
bleu

zelen
vert

smeđ
marron

siv
gris

crn
noir

malo / mnogo

beaucoup / peu

ljutit / miran

fâché / calme

lijep / ružan

joli / laid

početak / kraj

le début / la fin

veliki / mali

grand / petit

svijetlo / tamno

clair / obscure

brat / sestra

frère / soeur

čist / prljav

propre / sale

potpun / nepotpun

complet / incomplet

dan / noć

le jour / la nuit

mrtav / živ

mort / vivant

široko / usko

large / étroit

ukusno / neukusno

comestible / incomestible

zao / prijatan

méchant / gentil

uzbuđen / dosadan

excité / ennuyé

debeo / mršav

gros / mince

najprije / najkasnije

le premier / le dernier

prijatelj / neprijatelj

l'ami / l'ennemi

pun / prazan

plein / vide

trvd / mekan

dur / souple

težak / lagan

lourd / léger

glad / žeđ

faim / soif

bolestan / zdrav

malade / sain

ilegalan / legalan

illégal / légal

inteligentan / glup

intelligent / stupide

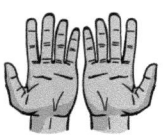

lijevo / desno

gauche / droite

blizu / daleko

proche / loin

**nov / polovan**
nouveau / usé

**ništa / nešto**
rien / quelque chose

**star / mlad**
vieux / jeune

**uključeno / isključeno**
marche / arrêt

**otvoreno / zatvoreno**
ouvert / fermé

**tiho / glasno**
faible / fort

**bogat / siromašan**
riche / pauvre

**tačno / pogrešno**
correct / incorrect

**hrapav / glatak**
rugueux / lisse

**tužan / srećan**
triste / heureux

**kratak / dug**
court / long

**spor / brz**
lent / rapide

**mokro / suho**
mouillé / sec

**toplo / hladno**
chaud / froid

**rat / mir**
la guerre / la paix

**0**

nula

zéro

**1**

jedan

un / une

**2**

dva

deux

**3**

tri

rois

**4**

četiri

quatre

**5**

pet

cinq

**6**

šest

six

**7**

sedam

sept

**8**

osam

huit

**9**

devet

neuf

**10**

deset

dix

**11**

jedanaest

onze

**12**

dvanaest

douze

**13**

trinaest

treize

**14**

četrnaest

quatorze

**15**

petnaest

quinze

**16**

šesnaest

seize

**17**

sedamnaest

dix-sept

**18**

osamnaest

dix-huit

**19**

devetnaest

dix-neuf

**20**

dvadeset

vingt

**100**

sto

cent

**1.000**

hiljada

mille

**1.000.000**

milion

le million

engleski

l'anglais

američki engleski

l'anglais américain

kinesko mandarinski

le chinois mandarin

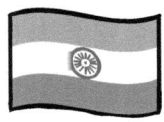

hindi

le hindi

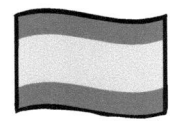

španski

l'espagnol

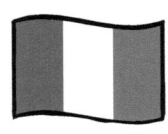

francuski

le français

arapski

l'arabe

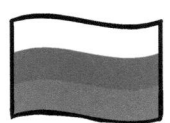

ruski

le russe

portugalski

le portugais

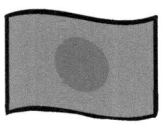

bengalski

le bengali

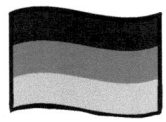

njemački

l'allemand

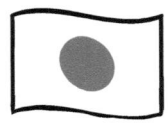

japanski

le japonais

ja
je

ti
tu

on / ona / ono
il / elle / ce, c', cela

mi
nous

vi
vous

oni
ils / elles

ko?
Qui ?

šta?
Quoi ?

kako?
Comment ?

gdje?
Où ?

kada?
Quand ?

ime
le nom

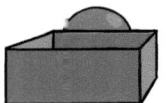

iza

derrière

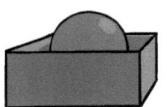

u

dans

pred

devant

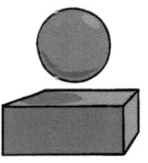

iznad

au-dessus

na

sur

ispod

en-dessous

pored

à côté de

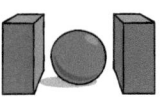

između

entre

mjesto

le lieu